Amath Thiam

Djim, Rêves Brisés ou Missions accomplies ?

Amath Thiam

Djim, Rêves Brisés ou Missions accomplies ?

Hommage pour la mémoire de Djim Fatou THIAM, frère et ami d'enfance décédé à la fleur de l'âge

Éditions Muse

Cover image: www.ingimage.com

Publisher:
Éditions Muse
is a trademark of
Dodo Books Indian Ocean Ltd., member of the OmniScriptum S.R.L Publishing group
str. A.Russo 15, of. 61, Chisinau-2068, Republic of Moldova Europe
Printed at: see last page
ISBN: 978-620-2-29940-4

TITRE : Djim, Rêves Brisés ou Missions Accomplies ?

SOMMAIRE :

Première Partie : DEVOIR DE RECONNAISSANCE 3

-La cérémonie de graduation

-La volonté de l'homme.

-L'ultime rencontre

Deuxième Partie : HOMMAGE ET TEMOIGNAGE 22

-L'épreuve de la mort

-Les larmes de souvenirs

-L'anniversaire d'un absent

Troisième Partie : CONVICTIONS ET OPINIONS 32

-L'amitié, une réalité...

-Le temps, une force sans pitié...

-La vie, un mystère à découvrir...

-L'éducation, un processus de vie qui n'a pas de limite....

Lectrices et lecteurs, je tiens à vous remercier et à vous témoigner ma gratitude. Ce bouquin entre vos mains, est le fruit d'un long soupir et de gémissement suite à la mort d'un frère et ami d'enfance. Ecrire pour se soulager de la séparation. Ecrire pour me remémorer de nos tendres souvenirs. Les morts ne sont pas morts. Ils sont bien présents parmi nous. Cette présence demeure remarquable dans ce livre. Sur ce, j'ai le plaisir de vous inviter à découvrir un récit de péripéties de vies qui, loin d'être parfait peut permettre de réaliser une Vie qui mérite d'être vécue.

Mes remerciements vont à l'endroit de ma famille et à mes amis.

Merci à tous ceux qui ont participé à mon éducation scolaire. Enseignants, professeurs et encadreurs.

Un remerciement particulier à Mamadou Vieux NDIAYE, pour ses conseils, son soutien et sa participation très généreuse pour donner vie à ce livre.

Première Partie : *DEVOIR DE RECONNAISSANCE*

-La cérémonie de graduation :

La carte d'invitation pour la cérémonie de remise des diplômes de Master était Là. Le dilemme me guette : honorer ma présence. Me positionner au rang des invités d'honneurs ou aller dans l'autre coté du pays à la quête de la félicité. Quoi lui dire ? Kaolack m'attend aussi.

- Je comprends parfaitement la situation. Me disait-il.

Tu fais partie des organisateurs de cette fête religieuse. Ne t'inquiète pas. Enchaînait-il. Impossible pour toi, de quitter Kaolack pour venir à Dakar et assister à la cérémonie dans le même jour. L'essentiel, c'est de prier pour nous. Je sais lire dans ton cœur. Et ce dernier me dit que tu voudrais être là. Voilà ce qui illustre le vouloir et le devoir dans la vie des croyants. Un choix devrait être fait ; opte pour le devoir.

Il ne doutait pas de mon indisponibilité et de ma volonté d'assister à la fête. C'était facile pour moi de lui en parler. Car, il savait me comprendre vite. Parfois, il se mettait à justifier de mes empêchements à un rendez-vous donné. C'était lui qui s'occupait de me trouver des excuses.

Le 05 janvier 2020 est arrivé, jour de leur remise de parchemin de Master. J'imaginais tout au long de cette journée, le déroulement de la fête. Comme si j'étais présent à la salle entrain de suivre avec eux les festivités. Mais, en réalité, à ce moment-là, j'étais en route vers Kaolack. Au bord du véhicule, mon esprit ; même à distance était lui déjà dans la fête. Cette cérémonie marquait un point décisif dans sa carrière. Elle caractérisait la réussite et la fin d'un long chemin qui nécessitait un dur travail et de l'abnégation. En plus, l'homme était lui le responsable du Master Finance. Il devait parler au nom de toute sa promotion. J'aurai bien aimé être dans la salle. Ecouter et noter tout sur son intervention. Je me fais le plaisir de rappeler quelques passages de son discours que j'ai colligé à travers les audios et vidéos qui circulaient dans les réseaux sociaux.

« Chers membres du corps professoral,

Chers camarades,

Parler au nom d'un groupe de personne est une tâche à bout. Je m'apprête donc à cet exercice difficile mais le fait que le choix soit porté sur ma très modeste personne est un honneur et une source de motivation. D'autres personnes auraient pu être à ma place, capables de faire mieux. C'est avec donc beaucoup d'humilité mélangé de joie, d'honneur et de gratitude que je prends la parole ; ce matin devant cet auguste assemblée. J'ai hâte de vous exprimer à quel point je suis fier d'être le représentant d'une promotion Master II finance 2017/2018 de la FASEG de L'UCAD. Aussi, je suis submergé d'un désir ardent de partager avec vous ces quelques enfermements vécus à l'Université. Hélas ! Le temps nous est compté. Ce temps qui est si précieux.

Chers camardes, nous voici vêtus de cette toge. Uniforme qui couronne notre cheminement dans ce temple du savoir. Alors, soyons fiers d'avoir surmonté les examens, la cadence, la pression mais aussi d'avoir passé toutes ces soirées dont on garde le beau souvenir. N'est-ce pas dit-on que les années passées à l'Université sont des privations. Je vous laisse imaginer tous les bons moments que vous avez vécus. C'est donc la fin d'une belle aventure. Mais, permettez-moi d'évoquer la crise scolaire survenue depuis 2012. Cette crise qui a secoué littéralement le monde scolaire et universitaire et qui ne finit pas de faire des ravages. Un niveau très faible des apprenants. Des années académiques qui s'échauffent. Un

Master II qui peut s'étaler sur 3 ans nous empêchant parfois de déposer nos candidatures pour un poste ou un concours très souvent à notre portée. J'en passe. C'est pourquoi nous avons peur. Peur que nos jeunes frères et sœurs qui sont à l'école primaire et secondaire ne puissent un jour savourer cet instant présent que nous vivons. Cet instant qui marque la fin d'un travail de dur labeur. Cet instant qui est le fruit d'immensité des connaissances acquises à l'école.

Cependant, j'invite tous les acteurs à travailler dans ce sens pour une année sans grève surtout à la Faculté des sciences Economique et de Gestion (FASEG) où le bon déroulement des cours devient une urgence.

Chers amis, les années passent, des diplômes s'accumulent, des responsabilités civiles se multiplient. Parce qu'en tant que jeunes diplômés, nous avons des responsabilités envers les gens qui nous entourent et envers nous-mêmes. Nous sommes au début de notre vie professionnelle. C'est à nous de servir de miroir pour la génération à venir. De là, nos études auront une utilité mais surtout elles nous permettront de conserver les valeurs essentielles, telles que : le respect, la rigueur et la fraternité. Soyons généreux et honnêtes. Evitons des vies par procuration. Cultivons nos différences. C'est notre plus grande force me semble-t-il. Faisons de sorte que notre vie veille la peine d'être vécue. Battons-nous pour nos idéaux malgré les pressions. Ayons le courage d'essayer. C'est en faisant cela que nos parents, nos proches et même les membres du corps professoral continueront à être fiers de nous comme ils le sont certainement aujourd'hui.

A ce titre, vous me permettez au nom de toute ma promotion de rendre un vibrant hommage à nos parents qui ont été nos sources de motivation. Pour leur soutien moral et matériel indéfectibles. A nos proches qui nous ont soutenus de près ou de loin. Nous vous sommes reconnaissants. Et, à ceux et celle qui n'ont pas pu être présents aujourd'hui, nous leur disons que cette fête leur est aussi dédiée. Permettez-moi de saluer et de remercier nos valeureux professeurs. Je tenais à remercier chaleureusement son excellence Monsieur Assane FALL, responsable et ambassadeur du Master II Finance et son excellence Maitre Madické NIANG avocat au barreau de Dakar et parrain de la cérémonie.

Cher parrain, nous vous disons merci. Merci d'avoir accepté de porter cette grande responsabilité. Merci de nous accompagner le plus loin possible dans notre vie professionnelle. Vous faites partie au rang des grands hommes forts de ce pays. Des hommes forts comme le disait le Président OBAMA : être fort ce n'est pas de rabaisser les autres, c'est les aider à progresser. Vous êtes une idole. En lisant votre parcours, nous avons compris que vous avez contribué par des actions au changement de ce pays et aujourd'hui de nos vies. Est qu' un succès ? Comme le disait DANNY THOMAS : le succès n'est pas relatif à la fortune que vous avez crée mais plutôt aux différences que vous avez crée dans la vie des gens.

Chers camarades étudiants, les personnes ici présentes imaginent bien le bonheur qui nous anime ce matin et nous même nous en sommes conscients. Après minimum 5 années de dur labeur, le moment est à la fête. Ce moment qui nous réunit aujourd'hui se veut l'expression de l'atteinte d'un objectif initial qui nous amène vers un autre encore plus grand. C'est celui de la recherche de l'emploi et de servir le Sénégal pour les sénégalais partout où le besoin se fera sentir. »

Voilà les quelques mots que j'ai pu compiler de son discours. Qui dans la salle, qui entre nous aurait cru ou pensé que le destin ne lui accordera pas le temps de chercher un emploi et de servir le Sénégal autant qu'il le désirait ?

Les amis, connaissances ; tous étaient conviés. Pour peaufiner son discours des séances de consultations étaient au rendez-vous. Résultat, ces propos disaient trop long sur lui. De part l'intonation de sa voix, on voyait une personne ambitieuse. Le public ; à cet instant se laissait emporter par les dires du responsable de master.

Les objectifs sont connus de tous ; gravons les montagnes de challenges pour y accéder. Jeunes diplômés nous sommes les premiers interpellés. Retroussons les manches.

Nous avons une lourde responsabilité de maintenir le cap et de relever tous les défis de notre époque. Investissons à explorer toutes les possibilités qui s'offrent à nous. N'ayons pas peur. Armons-nous de courage et de persévérance pour vivre. Quand on recule ça doit être pour mieux voir et comprendre la marche du monde et l'essence de la vie. Ne nous laissons surtout pas emportés par les épreuves de la vie. Elles sont parfois dures. Difficiles à endosser. Elles peuvent provoquer des déceptions. Inattentifs ; elles nous mèneront vers la passiveté. Chers amis, les moments difficiles et précaires doivent toujours nous servir de leçons. Il restera certes des épines dans notre quête ; mais il ne sert à rien d'abandonner. Accrochons nous bec et ongles pour réaliser ce que nous désirons. De vivre une vie heureuse dans la paix et la prospérité.

Il est grand temps pour nous de se réveiller. De s'investir sur le chemin du succès ou seuls les rêveurs osent emprunter. De là, nous acquérons non seulement le secret du succès mais aussi le sens de la vie.

Au regard du discours, nous constatons qu'il visait loin en termes d'objectifs et de réalisations dans sa vie. Il a très tôt compris le sens des responsabilités. Il s'est investit dans cette voie de réussite et de l'action. Dans sa vie, l'homme prenait tout au sérieux. Il étudiait, travaillait et adorait son seigneur autant que possible. Voilà son emploi du temps. Les parents étaient ses idoles. Être bénévole, c'est son credo. Offrir dans la discrétion ; donner par la main droite sans l'autre main ne s'en rendre compte disait-il en faisait allusion à ses croyances.

L'oiseau migrateur qu'il portait comme nom lui a valu un renommé incommensurable. L'homme était toujours au chevet de ses semblables. Il cherchait à atteindre le stade suprême de la seigneurie, donc il servait. L'appel au respect, à la rigueur, à la générosité, à la fraternité et à l'honnêteté étaient ses maitres mots. Il s'était investi totalement dans toutes ces valeurs qui d'ailleurs, permettent d'assurer une parfaite cohésion sociale. L'enthousiasme était son cheval de bataille. Son bonheur contagieux raflait toute âme sensible. Du caractère ? Oui ; mais avec toujours un sourire charmeur.

Le bien être et la stabilité dans la société passent par l'implication des hommes. Des hommes de valeurs. Portons nos habits de bonté pour passer inaperçu et sortir dans le labyrinthe des antis valeurs. La cause principale de la crise des valeurs, économique, sécuritaire, sanitaire et toute autre forme de crise est directement liée à l'attitude d'irresponsabilité, de cupidité, d'égoïste, de jalousie, d'ingratitude et d'ignorance de l'homme mondialement répandue. Tout reste possible dans la vie. Donc changeons et adoptons une attitude exemplaire pour faire bouger les choses dans un cadre propice et favorable à une vie normale. C'est un devoir ou même une obligation pour tout un chacun de s'investir à son niveau pour redresser le monde. Restaurer les fondamentaux d'une vie normale sur terre.

Chers jeunes de mon pays et du monde, notre responsabilité est grande. Notre implication pour la marche vers un avenir radieux devrait monter d'un cran. Pour ce faire, une bonne compréhension des enjeux actuels est nécessaire. Nous devons d'ores et déjà nous activer pour comprendre, participer au fonctionnement du monde et préparer à corriger les erreurs et manquements en termes de gestion et d'organisation.

Il a essayé et parmi tant d'autre à faufiler beaucoup de ruelles de la vie. J'espère que ses pas ne l'ont pas amené dans le néant et que sa vie aura son sens d'être vécu. L'homme, de par son degré élevé d'intelligence, loin de la paresse est capable de percer les mystères de la vie.

Personne, ne peut imaginer à quel point, l'esprit humain peut se développer et être capable de réaliser autant de choses de par son intelligence. Contentons-nous du moment présent pour évoluer et vivre pleinement notre vie. Ce qui est passé, c'est passé et ce qui arrivera nous est étranger. Inutile à ce niveau d'accorder trop de temps et d'attention à contempler ou à imaginer des scénarios qui ne se passeront uniquement et certainement que dans nos têtes. C'est du gaspillage intellectuel de trop penser à l'incertitude aimerait-il me le rappeler.

Utilisons nos énergies et forces pour le moment présent. Là maintenant, pour vivre, évoluer sur tous les aspects de la vie. Car le temps alloué pour vivre nous est compté. C'est si court pour explorer et réaliser tout ce qui est à la portée de l'homme en termes de vies et d'expériences. Etudions, explorons, expérimentons tout ce que nous désirons avoir, savoir ou atteindre. Tout reste possible. Cela dépend simplement de notre volonté. La volonté.

-La volonté de l'homme….

Djim, mon frère, mon ami, était pour moi, à travers son être et sa façon de faire, une personne extraordinaire. Ah oui ! Il l'était. Il m'a toujours inspiré et il continue de le faire. Pour moi, il faisait parti parmi les gens que je pouvais compter dans ce monde bourrés de miracles. Il occupait une place de choix dans mon fort intérieur. Très dévoué, l'homme a beaucoup investi sur ses études. Il était animé par un désir ardent de savoir et de recherches. Accorder du temps pour l'augmentation de ses connaissances voilà ce qui est essentiel. Pour ce faire ; ces journées sont tamisées de visites des savants.

J'aimerai avoir des éclaircissements sur ce sujet, mon frère avait-il habitude de me dire. Des interrogations d'ordres métaphysiques lui tenaient toujours compagnie. En fait, ce sentiment de désir, de manquement et d'impuissance face à l'inconnu m'impressionne mon frère. D'ailleurs une seule découverte m'ouvre chaque fois une porte de bonheur.

- Je veux être heureux ; alors je perce l'inconnu.

Il lui arrivait fréquemment de noter des choses qui l'intriguaient. Quand on se voyait, lui et moi, ces interrogations refaisaient surface. C'était notre objet de discussion.

Des discussions interminables. Importantes. Complexes. Il aimait les thèmes qui ont trait à Dieu et à l'univers. Un jour, il est venu me parler de son désir de découvrir la source qui serait à la base de toute vie sur terre. Il voyait en chaque chose anodine pour la masse, une potentielle source de savoir. Il s'inquiétait aussi sur les questions qui touchaient généralement tous les secteurs de la vie à savoir entre autres : la politique, le sport, l'économie, la culture, les valeurs humaines. La dégradation des mœurs et tant d'autres maux qui dominent le monde actuel.

Nous étions, lui et moi, vraiment utiles l'un de l'autre. Il me voyait pratiquement toutes les nuits en rêves. Les rêves reflètent, en effet, souvent les événements du passé, le moment présent ou encore un aperçu du futur, de l'avenir disait le sage. Effectivement, je comptais beaucoup pour lui et il l'a toujours dit d'ailleurs.

« Tu fais partie de moi et c'est Dieu qui l'a ainsi fait. Nos vies sont liées à jamais. Je te vois en tout et partout » me disait t-il.

Idem, avec Djim, je voyais et j'analysais la vie d'une façon qui me dépassait. Une vision plus claire. Plus nette. Certainement, me semble t-il inspiré par son intelligence et la lumière de ses idées. A la fin de nos discussions, je me disais souvent que n'eut-été sa présence, je n'aurai pas pu dire telles choses. Tout mérite pour moi aussi une étude approfondie et non hâtive. Décortiquer, goutter un par un, les résultats de nos recherche nous met en transe. Toutefois, étant des humains, il nous arrivait d'avoir de différents points de vue sur une question donnée de temps en temps. C'était lorsqu'on abordait particulièrement les thèmes de sociétés et de gouvernance. Mais, on terminait les discussions, malgré les différences, en de très bons termes avec des positions plus solides. Plus enrichies.

Pour favoriser la quête du savoir, il nous faut apprendre à documenter nos positions et nos arguments. Nous devons éviter de donner des affirmations gratuites : ni bases légales ni expériences. Quand on ne sait pas, la meilleure manière d'agir est de se taire ou de demander pour savoir et comprendre. Ceci, il l'a toujours pris comme principe. C'est cela qui faisait la richesse et la qualité de nos rencontres.

Cependant, force est de reconnaître que, rares sont ceux qui accordent une importance particulière, surtout chez les jeunes, les questions de la spiritualité, de connaissance divine, de la vie et de la mort. Malgré son engagement dans la vie, à l'école, à l'université, ces questions ne l'ont jamais quitté. Je peux dire que c'était son quotidien. Car dans chaque situation, dans chaque circonstance, il essayait de déduire à partir des signes et des faits un corolaire avec Dieu. Il était conscient que Dieu le surveillait en permanence raison pour laquelle sa pensée ne l'a jamais quitté malgré les vicissitudes de la vie.

Il aimait me poser des questions surtout en matière de connaissance gnostique. Ces questions, bizarres pourtant me faisaient du bien. Il me poussait vraiment à apprendre de nouvelle chose.

Je dois témoigner ici que Djim aimait trop faire des recherches. Ce qui importe c'est le savoir. En fait, il me faisait vivre cette maxime de SOCRATE qui disait : « les grands esprits discutent sur des idées ; les esprits moyens discutent sur des évènements ; les petits esprits discutent sur des gens ». Loin d'être des hommes exempts de reproches, mais l'itinéraire des grands hommes était notre miroir. C'est une option. On a voulu explorer tout court. Chercher des modèles de vie exemplaire et les suivre du pied à la lettre. L'être humain est obligé d'opérer des choix dans la vie et ces choix sous-tendent le sens de sa vie. Par conséquent, il lui est nécessaire d'avoir une bonne base d'éducation pour pouvoir faire un choix judicieux. Donc, ceci nous a amené à se comporter de la sorte au point que nombreux sont ceux qui nous prenaient comme des références à suivre.

« Je sens une augmentation et un sentiment de soulagement à chaque fois que je discute avec toi. » Me disait-il. Nos rencontres étaient rythmées de complémentarités. Personne n'avait le monopole des réponses. On s'échangeait les idées pour mieux comprendre et progresser. Tout ceci, se faisait dans un cadre de respect mutuel. Il était hors contexte d'offenser quelqu'un ou de générer des jugements et attaques personnels. Djim, accordait vraiment un grand intérêt à la découverte des mystères de la vie et de Dieu. Il était un chercheur, un adepte de la spiritualité. Je le témoigne. Je le témoigne. Je le témoigne .Quand une affaire lui tenait beaucoup à cœur, il m'appelait souvent et me disait :

- j'ai besoin de toi.

-Nous devons partager sur un certain nombre de choses qui me préoccupent.

-Et c'est avec toi que je peux en discuter.

- Ah ! Interminables nos discussions !

Il lui arrivait de m'accompagner en rentrant à la maison. On prenait le bus ensemble s'il le faut juste pour clore un sujet. Satisfait de la discussion, Djim descendait et retournait.

Oh que si c'était à Gniline. Dans notre village natal situé environ 25 kilomètres de Kaolack; Djim m'accompagnait jusqu'à mon domicile. Et à mon tour, de lui raccompagner jusqu'à la devanture de leur maison. Ridicule, cette navette. Seulement, la discussion n'avait pas terminé ; du moins, on cherchait une porte de secours qui nous satisfait. On discutait.

Les gens nous riaient. Ma mère, nos belles sœurs et connaissances proches étaient tous intrigués de nos discussions qui ne prenaient jamais fin.

Djim mon miroir. Je lui ai confié mes plus grands secrets. Digne de confiance, il les gardait pour lui. Pas de jugement ; Djim me procurait un sérum de conseils à tous mes problèmes. Au moment où, la méfiance, la trahison, l'insincérité, l'ingratitude, la lâcheté…

semblent s'ériger en règle dans nos sociétés, la noblesse de certain homme demeure plus que vivante.

Djim était trop discret, convivial, sympathique, accessible et extraverti. Seulement, dans son amour à venir en aide aux autres, il s'oubli. Pas de temps pour lui. Il était un homme très occupé. Il se reposait à peine. De mon coté, c'était insupportable lorsque je ne parvenais pas à l'avoir au téléphone. Ça sonnait dans le vide. Occupé surement. Mais, j'insistais. Je rappelais encore et encore. Une fois au téléphone, sa voix m'expliquait les raisons de son absence et comme d'habitude j'en riais. Il s'était perdu au service des gens. En réalité, il ne voyait même pas les appels.

- S'il te plaît! Garde ton téléphone et mets-le en mode vibreur la prochaine fois.

- D'accord mon frère vous avez raison. Il répondait

Facile à dire. Djim s'activait principalement dans plusieurs domaines : pédagogiques, sportifs, culturels et religieux. Il était parmi les responsables qui dispensaient des cours de renforcements à la faculté des sciences économique et de gestion à l'Université Cheikh Anta DIOP de Dakar. Il faisait parti du club des arts martiaux de la même Université. Le Taekwondo, son sport préféré.

- Djim, il te faut apprendre à dire non parfois dans la vie. Lui disais-je

- je sais que vous avez raison, mais j'ai du mal. Peut être un jour. Peut être un jour. Il disait

Sans nul doute, au regard de sa posture au sein de la communauté, je peux affirmer que Djim faisait partie du clan des grands mécènes et des philanthropes. Il vivait pour servir. Impossible pour moi, d'énumérer ses actes de bienfaisance. Difficile me sera pour dire toutes les qualités et valeurs aux quelles il s'attachait. Croyant il était.

Sage son attitude. Il a toujours œuvré pour le bien être de l'homme tout court. L'argent et les biens matériaux étaient le cadet de ses soucis. C'est le bien des nécessiteux. Il disait. Il a très tôt compris que l'argent c'est pour satisfaire des besoins au-delà, c'est inutile. Il multipliait ses bonnes œuvres. L'essentiel était de donner. Dieu, lui veille sur nos moindres actes posés. Optons pour le bien alors. Il me rappelait. Arriver à un stade, l'homme était devenu une référence pour moi. Je l'imitais. C'est ainsi que j'ai décidé de donner et de partager autant que possible. Idées, don de matériels et ceci avec désintéressement. Exercice très difficile à faire mais dont l'amour du partage adoucit.

Djim m'a rappelé que l'être humain est la plus grande richesse au monde. Sur ce, Il s'est donné comme objectif de servir l'homme jusqu'à son dernier souffle. Voila ce qui l'animait dans sa vie : La générosité et le don de soi

Djim comprenait, effectivement, le sens de la vie. C'est pourquoi il assumait pleinement ses responsabilités. Ne jamais le voir, manquer du respect à autrui. Il était foncièrement ancré dans les valeurs de notre tradition culturelle et religieuse. A cela s'ajoute les autres compétences et qualités qu'il a pu développer pendant son cursus scolaire. Dans son désir de servir, il fut à plusieurs fois délégué de classe. Il posait des actes humanistes et il transmettait des messages humanitaires. Tout ceci, dans le but d'assurer la paix, la sécurité et le progrès dans la communauté.

Notre monde actuel est confronté par des crises de tout genre. Elles sont à la fois multiformes et complexes. En plus, ça perdure. De génération en génération nul n'est épargné du danger.

Dès lors, l'homme, averti ou non est interpellé. S'interroger sur les facteurs de ce fléau afin de proposer des pistes de solution vient à son heure. Un problème compris, c'est à moitié résolu. A-t-on l'habitude de dire. Il est vrai que ces crises sont abordées assez souvent par les spécialistes de tout bord. Mais, la question qui se pose est de savoir : avons-nous bien étudié ou compris cette crise qui sévit partout dans le monde et dans pratiquement tous les secteurs d'activité de l'homme.

En effet, quand on veut combattre un mal, cela doit se faire à la racine. Sinon, on risque d'assister à une accalmie qui peut générer à tout moment des situations d'atrocité plus inquiétantes.

Manifestement, tout part de l'homme et en même temps, tout lui revient. L'homme est, en effet, le principal provocateur de tout ce qui se passe sur la terre en termes d'organisation, de dégradation ou de la préservation. D'où l'intérêt de sensibiliser ceux qui n'ont toujours pas pris conscience de la lourde responsabilité qui pèse sur nos épaules à éviter les crises et à cultiver la paix durable et permanente dans le monde. La manière dont on agit, conscient ou inconscient, détermine notre monde présent. C'est dire donc qu'on est obligé dans cette situation de récolter le fruit de nos actes.

Ainsi, il nous paraît important de rappeler incessamment à l'homme son devoir envers la nature. L'heure de mesurer les conséquences de nos actes est arrivée. Assumons nos erreurs et essayons de relever le défi de la protection de l'environnement. C'est à nous de changer et de provoquer le changement qu'on désire avoir dans nos sociétés.

Djim me le rappeler. Il était parmi ses hommes averti qui œuvre pour l'équilibre du monde.

- Tout a un sens. Mon frère
- Je prête attention sur tout ce qui m'entoure.

Sensible, il était. Son visage débordait de joie.

Il pouvait rester des heures à discuter avec des enfants. Les seniors aussi étaient ses amis. Il se mettait à écouter leurs complaintes. N'est-ce pas là une bonne conduite !

Des années durant, il partageait son lit avec un gamin de cinq ans. Ce dernier préférait passer la nuit à côté de Djim laissant sa propre mère de l'autre côté. C'est comme si l'enfant et lui étaient noués par une force mystérieuse difficile à cerner.

Pour ma part, mon attachement à lui, était inexplicable.

Lorsque je l'ai vu au journal télévisé parlé pour la cause de toute une promotion, j'étais fier. Je me voyais en lui. Je m'apprêtais de l'appeler pour le féliciter. Grande, a été ma surprise quand, je suis tombé sur son grand frère au bout du fil.

- Ton ami est un peu souffrant. Disait la voix. Mais, dès que possible, il va te rappeler.
- Entendu, lui disais-je.

Tout en pensant naïvement que c'était à cause de la fatigue qu'il se sentirait mal. Après la cérémonie de graduation, les maux ont commencé. Je le sentais souffrir. Après notre entretien téléphonique, deux fois de suite, et quelques échanges sur wathsapp, je m'étais décidé de le voir. Le rencontrer pour plusieurs raisons. Pour voir ma moitié et aussi pour me ressourcer.

J'avoue que j'avais un privilège. Si j'appelais en vain, Djim me revenait. Il prenait le temps de me recontacter.

Djim est cette fois ci vraiment malade. Je devais le rendre visite pour voir de mes propres yeux. Le téléphone ne suffit plus. Il faut que je parte le voir.

Il me manquait. Je dois aller dans d'autres contrées. Le temps m'est compté. Aller voir Djim pour lui parler de mon aventure. On fera surement notre dernière discussion. Je lui dirai qu'il a beaucoup contribué à ma formation. Je lui dirai tout.

L'heure est venue. Chez Djim, mon ami. Après les civilités, il se contentait de me montrer les séquences de vidéos de la cérémonie de remise de parchemin. Je le regardais de nouveau. Fantastique, notre retrouvaille comme tout temps d'ailleurs. Les sujets et les idées à discuter tombaient en abondance. Nous avons visionné ensemble quelques séquences de son discours. Il me promettait de m'offrir l'intégralité après qu'il ait retrouvé son état de santé.

C'était la soirée du mercredi 29 janvier 2020. J'étais avec Djim. Côte à côte, on partageait. En me voyant, tout début, il s'est levé. Malgré la douleur de sa maladie, il avançait à pas de caméléon vers moi. Il me salua.

- excusez-moi du déplacement ; me disait-il

- je n'aurai pas dû te laisser venir.

- C'est trop enclavé et loin du centre ville.

- C'est un devoir pour moi de te rendre visite. Je n'hésiterai pas à déployer tout mon possible pour venir te voir. Mon frère

- Prenez place. Mon cher frère

On était à Keur Massar. En le voyant ce soir, j'ai senti qu'il souffrait. Il résistait pourtant. Assis, les yeux dans les yeux, le langage des âmes nous accompagnait. Nous étions heureux de se revoir.

Sa mère et les autres membres de la famille étaient dans l'autre côté de la maison. Il parlait à peine mais, j'avais l'impression qu'on échangeait comme à l'accoutumé. Mon cœur battait fort. Je perdais ma voix. Je doutais de tout. Mon corps avait l'air d'être électrocuté. D'habitude, c'était moi qui parlais plus que lui lors de nos rencontres. Mais, ce jour là, j'étais hors de moi ne trouvant pas les mots pour parler. Tout est mitigé chez moi. Je sentais en même temps de la joie, de l'espérance mais aussi de l'inquiétude, de l'angoisse. Djim perdait sa force. Il était fragile. Je l'écoutais attentivement. Il murmurait essayant de détendre l'atmosphère. J'en finis par rire de ses histoires

Soudain, la douleur survient. . Je ne pouvais vraiment pas me tenir, je me suis rapproché du lit pour pouvoir l'écouter. Le débit de sa voix s'est considérablement rétrécit. Et, je l'entendais à peine. Jusque là, je parvenais à gérer mes émotions en ayant la ferme croyance qu'il va vite se rétablir.

Mais, tout a chamboulé au moment où, je devais quitter la maison, juste après la prière du crépuscule. Impossible pour moi, de décrire ce que je ressentais lorsqu'il formulait des prières pour mon voyage

- tout ira bien. Mon frère. Ne t'inquiète pas.

Je suis malade et Dieu accepte souvent les Prières d'un malade. Donc sois rassuré, tout viendra à point le moment venu. C'était comme ça la nature de nos rencontres. Parfois, ce sont les émotions qui prennent le dessus et nous mettre hors de nous. De temps en temps, nous sommes occupés par l'apprentissage, le questionnement mais aussi de la raillerie par moment.

Durant tout ce moment, il serrait bien ma main avec ses siennes minces et fragiles. Aussitôt, je tremblais. Tout me parlait. Mon intuition me disait quelque chose. Mais je refusais catégoriquement de l'écouter et de le croire. Je ne sentais rien venir.

- Et si c'était notre dernière rencontre sur terre ?

Depuis ce jour mémorial, mes pensées n'ont jamais cessé de tourner vers lui. A chaque fois que l'occasion se présentait, j'ai prié pour sa santé.

Me voilà maintenant devant le fait accomplis. Le bon Dieu l'a appelé, il est parti dans le monde des cieux le mercredi 19 février 2020.

Terrible journée ! Que c'est difficile de se séparer définitivement avec un proche intimement lié par beaucoup de choses. Et son ami avec qui il passait la nuit ? Que deviendraient toutes les personnes qui s'alimentaient de sa bonté ? Cet enfant a perdu son compagnon. J'ai pensé à lui car sachant son attachement à notre défunt frère. On faisait beaucoup de choses ensemble. On prenait le repas, le thé et tant d'autres activités, en compagnie du gamin. Il nous accompagnait partout. Lorsqu'il nous voyait, il passait tout son temps avec nous, oubliant ainsi de savourer le bonheur de la présence de ses parents. Il aimait nous dire que nous sommes de la même génération.

- Vous n'êtes pas plus âgés que moi.
- vous devez tout partager avec moi et passer votre temps avec moi.

Tout le monde en riait. Lorsque je venais à Saloum à l'occasion d'une fête sans Djim, l'enfant me bombardait des questions.

- Où est Papa Djim ?
- Pourquoi il n'est pas venu ? Qu'est-ce qu'il t'a donné pour moi ? C'était devenu une routine. Djim devait lui apporter quelque chose comme cadeau, des petits présents en quelque sorte pour chaque visite à Kaolack.
- Au retour, dites lui que je suis en colère contre lui.

- Pourquoi il n'a pas profité de ces fêtes pour venir me voir. Voilà ses principales revendications auprès de moi lorsqu'il ne voyait pas Djim.

C'est difficile pour lui d'avoir perdu une si importante personne dans sa vie. Vous imaginez avec moi, sa réaction, son attitude après le décès de son cher petit papa. Comment pourrait-il endosser ce fardeau, cette perte avec son âge si jeune ? Il a justement 8ans. Me demandais-je ?

Moi, j'étais, hors du Sénégal. Je pensais à lui. Mais une chose est claire c'est que cette disparition l'a touché au plus profond de son être. Puisse Allah lui épargner des troubles et des traumatismes ! Puisse Allah, lui donner une force morale étourdissante pour pouvoir endurer cette perte si grande !

Deuxième Partie : *HOMMAGE ET TEMOIGNAGES :*

-l'épreuve de la mort...

Quelle étrange, la vie. Il était au courant de mon projet de produire un ouvrage. Il m'encourageait à le réaliser. Pour lui, j'avais la capacité. Il a toujours prié pour que cela se produise. Il est vrai que, j'ai toujours eu l'idée d'écrire. Seulement, je doutais. Maintenant j'ai écrit. Je ne connais pas le titre. Ça me rappelle des souvenirs ? Hommage à un ami ? Juste j'ai écrit et c'est tout. Ce n'était pas prévu.

Mais je me suis lancé. Me voici maintenant, prêt à me livrer. Pleurer sa mort devant Dieu et devant les hommes. De ma plume, Je vengerai de son absence si difficile. Ecrire pour combler le vide qu'il a laissé dans notre vie. Ecrire pour me libérer.

Peut être il le lira ?

Peut être. Il est toujours là........loin des yeux prêts du cœur, il le lira. Comme toujours d'ailleurs, il était parmi les premières personnes à être au courant de mes activités. Mais, cette fois ci, une telle chose ne se passera pas de bien des manières. Car, il est parti sans nous dire au revoir. Il est mort. Djim est parti.

Je rends grâce à Dieu le Tout Puissant, le Clément et l'omniscient. C'est à lui nous venons et nous retournerons tôt ou tard à lui. Nous venons, en effet, de perdre un être cher, très cher à nous. A pareil moment de douleur, de tristesse et de solitude, il est difficile de lui rendre un hommage ou d'avoir la tête tranquille pour faire un témoignage.

Mais, malgré cela, je vais devoir le faire. Une production en guise d'hommage à un être cher qui vient de nous quitter. Si la mort avait un remède, il n'allait jamais mourir. Je n'ai jamais eu dans ma vie, une disparition aussi terrible. C'est dur. Aucune solution face à cette perte.

Le très haut ! Vous nous avez donné la possibilité de côtoyer cet être cher et noble, et, aujourd'hui, vous nous l'arrachez de nos mains. On n'y peut rien. On s'en remet totalement à vous. Vous nous avez dit dans le coran qu'il y a des gens quand un malheur les atteint, ils disent : nous sommes à Allah certes, et c'est à lui que nous retournerons.

Depuis l'enfance, nous ne sommes jamais séparés. On s'entendait bien.

En ces moments son image me revient. Que de beaux souvenirs à partager ! Mais comment les raconter, au moment où, nous pensons que la vie ne mérite pas d'être vécue. Inutile. Albert Camus a vraiment raison de dire que : « Rien ne vaut la vie mais la vie ne vaut rien. » En fait, sa disparition m'a affecté et m'a touché au plus profond de moi. Il nous a laissés une vie sans saveur, des larmes qui ne sécheront jamais. Un vide qui ne se comble point. Des cœurs brisés.

Que dire ? Que faire ? Pourquoi tant de malheur malgré les efforts consentis en travaillant d'arrache-pied ? Ô mon Dieu, indubitablement, vous nous entendez bien. Nous sommes déboussolés et nous avons du mal à comprendre les choses qui nous arrivent. Nous nous efforçons. Nous faisons autant que possible pour vous adorer. Nous témoignons et croyons fermement et éperdument que vous êtes notre Seigneur. Ô mon Dieu, vous contrôlez tout et vous connaissez tout. Donc, pourquoi tant de déceptions et de désespoirs ? Nous sommes vraiment insignifiants devant vous et tout nous échappe. Que devons-nous faire ? Quelle est la bonne attitude ? On fait des bêtises parce qu'on est bouleversé par les évènements de la vie. Pourquoi semer sans récolter ? Pourquoi tant de peines ? Pourquoi le temps nous prive de savourer les délices de la vie. Nous nous réclamons d'être parmi tes serviteurs. Mais, en ce moment, nous nous considérons être au bord du gouffre de l'ignorance et de l'impuissance. Nous ne comprenons plus. Les choses nous dépassent. Nous sommes égarés et perdus dans notre manière de faire et de comprendre. Nous sommes impuissants et incapables de résister sans votre aide.

Alors, ô Seigneur des cieux et de la terre.

Vous, le maître des mondes, et le créateur de l'univers.

Vous, la capacité, la force et la compréhension.

Vous, le sauveur et le connaisseur.

Rien ne peut se réaliser, quoi qu'il puisse être, sans votre volonté. Le détenteur, nous implorons votre aide. Malgré nos vices, venez nous secourir. Votre secours est vraiment nécessaire. Oh Allah, le Tout Miséricordieux, guide-nous dans le droit chemin. Le chemin de vos illustres préférences sur terre, en tête, le prophète Muhammad Paix et salut sur lui.

Venez nous en assistance !

Venez nous aider et nous réconforter !

Venez nous apaiser la douleur !

Venez nous redresser, nous ne sommes plus capables.

Que c'est difficile quand on ne voit rien.

La mort n'est pas en soi difficile mais c'est le vide, la nostalgie et la solitude qu'elle crée qui l'est véritablement. Mais avec le temps, on peut tout oublier même la disparition d'un être cher. Le temps fait son œuvre et l'homme se découvre et découvre de nouvelles situations dans la vie.

L'oubli est humain mais il m'est difficile de mettre Djim dans le sac du passé. Depuis sa mort, son image reste aussi longtemps que possible figé dans mon esprit. Je reste des heures à remémorer nos discussions.

Cela est peut être dû au degré d'attachement profond qui nous liait. Nous étions très proches. N'eut-été la foi en Dieu, son aide et sa grandeur, il était hors de question pour nous d'avoir la capacité et la force morale de supporter et de surpasser cette séparation définitive et si brutale. Nous acceptons avec philosophie sa mort et nous faisons de notre mieux tous les jours de passer à autre chose de plus grand. Par contre, il n'en demeure pas moins de reconnaître que sa disparition à créer en nous, un profond trou rempli de nostalgie et de souvenir.

-Les larmes de souvenirs…..

Quelques jours après les funérailles, les activités recommencèrent. Les esprits sont tranquillisés et les cœurs apaisés. On s'accrochait petit à petit à reprendre le rythme normal de la vie malgré la douleur de la séparation. C'est ainsi que mes larmes visibles ont cessé de couler. Mais, avec le temps, des larmes du cœur vont apparaître au plus profond de notre être. Je suis perturbé.

De temps en temps, tout me paraît supportable.

De temps en temps, ça devient compliqué et insupportable.

Tout de lui, me revient à chaque moment.

M'obligeant de lui contempler à tout moment.

Ma main passe calmement sur mon visage.

Au loin, je le vois en face sur le rivage.

Je ne pense qu'à sa voix si douce.

Je ne pense qu'à son attitude exempte de caprice.

Son visage rayonnant me manque.

Son sourire, si agréable, me manque.

Sa voix ne cesse de résonner tous les jours.

Il était élégant, raffiné et jovial pour toujours.

Il me manque.

Comment est-il possible de vivre sans lui ?

Une vie sans saveur indubitablement.

Que c'est pénible de vivre sans lui !

Difficile pour nous si ce n'était notre foi en Dieu,

D'avoir la force intérieure et la quiétude d'endurer sa mort.

Nous rendons grâce à Dieu.

Nous avons la force de surmonter l'épreuve de la mort

Les larmes continuent de couler.

Des larmes tombent pour apaiser et masquer la douleur.

Mes larmes, loin des larmes de regrets.

Des larmes de nostalgie et de solitude.

Des larmes d'une soif difficile à étancher.

Ces larmes, sont des larmes invisibles et solides.

Malheureusement, celles-ci, sont les plus difficiles à essuyer et à sécher.

Ses efforts consentis ne seront jamais anodins.

Ses sacrifices pour toute une communauté demeurent sans fin.

Son désir de servir l'humanité reste inchangeable.

Qu'Allah lui rétribue et lui bénisse, l'Immuable.

Mon plus que frère, Ah oui ! Repose en Paix !

Si Dieu le veut, ton âme sera toujours en Paix !

Pour certains, ton séjour sur terre est court.

Pour moi, t'as vécu une belle et longue vie sans détour.

Ta disparition a fait du bien en nous, frère.

Elle nous pousse à aller de l'avant avec puissance et persistance

Vers les actes de noblesse, lentement certes, mais avec assurance.

A présent, on se calme avec foi et dignité, mon plus que frère.

Albert ENISTEIN a affirmé que : « la mort n'est pas la pire chose de la vie. Le pire, c'est ce qui meurt en nous quand on vit. » Cette pensée, montre clairement que malgré la mort, rien de nous, ne doit nous échapper lorsqu'on est en vie. Il n'est pas de notre devoir de laisser la mort nous affecter jusqu'à créer ou provoquer en nous une inertie.

-L'anniversaire d'un absent.

Nous sommes le 14 juin 2020, un jour spécial pour mon défunt frère. C'est le jour de son anniversaire. Si ce n'était la magie des réseaux sociaux, j'allais allègrement oublier ce jour. Au fait, en me connectant ce matin, facebook me suggère de lui souhaiter un joyeux anniversaire. Aussitôt, bouche-bée fut mon comportement ne sachant quoi faire. Les yeux sont mouillés de nouveau. Le cœur est angoissé. Je suis hypnotisé dans mon lit. C'est ainsi que la vie nous paraît encore bizarre. J'ai oublié la date. On oublie oui. Louange à Allah donc, seigneur des cieux et de la terre !

Toutefois, je dois signaler ici, et, Dieu seul, me suffit comme témoin que la journée du 13 juin était pénible pour moi. Son image ne me quittait guère. Djim de l'autre côté me rappelait son anniversaire. C'était donc cela. Je n'ai pas trop fais attention au message de mon cœur. Je pensais à Djim toute la journée. Je le contemplais et ses souvenirs ne cessaient de me revenir. Probablement, les morts ne sont pas morts en entier. Ils sont là et ils nous parlent.

D'ailleurs, C'est ce qui se passait souvent lors de son vivant. Quand je pensais à lui, au même moment, il m'appelait ou m'envoyait de message et c'était vise versa. Il était vraiment quelqu'un qui savait me donner de son temps jusqu'à annuler ses rendez-vous. Me voici maintenant face à sa photo sur facebook. C'est son anniversaire. Les évènements ne cessent de montrer la profondeur et la sincérité de ce qui nous liait. 14 juin, jour de son anniversaire, même si la date peut nous échapper à l'esprit, les facultés supérieures de la mémoire ont suffisamment de pouvoir pour nous le rappeler.

L'année dernière, nombreux sont ceux qui lui ont souhaité un joyeux anniversaire. Cette année, marquant le premier anniversaire à son absence, personne ne le voit pour lui souhaiter une excellente fête d'anniversaire. N'est-ce pas étrange la vie ! Je sens sa présence. J'ai envie de lui parler. J'ai envie de lui souhaiter un joyeux anniversaire comme tout temps d'ailleurs. Mais, je ne le vois pas. Il n'est plus parmi nous pour nous écouter et nous répondre. Je vais devoir dorénavant m'habituer à célébrer son anniversaire sans lui. Obligé donc, à mon niveau, de trouver une autre manière de communier avec lui.

L'absent le plus présent dans nos cœurs et dans nos pensées, m'entends-tu ? Impossible me dirait-on ? Mais depuis ta disparition, tout, me paraît possible dans la vie. La vie est une multitude de possibilités pour l'homme. Néanmoins, il faut comprendre qu'il y a une distance entre possibilité et réalité. J'entre au milieu de l'impossible pour voir mon Djim.

Djim, c'est bien lui qu'il s'agit, mon frère. Mon ami. Mon compagnon. Mon condisciple, aujourd'hui, tu n'es plus là à m'écouter et à me parler. Qui, entre nous, aurait cru que les choses allaient se dérouler ainsi. Personne, certainement. Dieu est vraiment Grand et il est le maître de l'univers. Il l'a voulu et il l'a décidé ainsi. Notre seule issue maintenant est d'endurer et de supporter la situation. Nous pouvons nous estimer heureux car Dieu est avec les endurants. Dorénavant, tu vas devoir recevoir nos souhaits et vœux d'anniversaire à partir de ta tombe. J'en suis sûr qu'ils arriveront sous formes de lumière et vont jaillir sur ta sépulture.

Mon devoir envers toi ne manquera pas. C'est de prier. Prier de façon permanente pour le repos éternel de ton âme. C'est le moins que je puisse faire pour vous. Je me sens redevable cher frère. Devoir de garder ton nom et de transmettre tes valeurs aux autres. Devoir pour nous de te présenter comme idole d'une génération.

Djim, notre défunt frère, nous sommes fiers de vous. Nous ne regrettons pas de vous avoir connu et eu comme frère. Tes actes de bienveillance ont conquis le monde. Pars en paix. Et en termes d'adoration du Seigneur de l'univers, tu y plaisais. La quête du bien était ton quotidien. En le faisant, tu étais pour moi, comme une sorte de boussole qui illumine le chemin à suivre pour atteindre tout objectif fixé. Je viens de m'en rendre compte. A force de te contempler, j'ai acquis toutes tes leçons. Merci.

Merci de la part de tout le monde : amis, frères, connaissances. Vous nous avez légués un héritage riche de vie et d'expérience. Vous étiez disponible et accessible à tout moment et en tout lieu pour celui ou celle qui en a besoin. En effet, tant qu'il y'a la vie, l'héritage continuera à exister. Ça ne s'épuise pas. Chacun de nous, est capable et, a la possibilité de prendre autant que possible une part de cet héritage.

Djim, était quelqu'un d'important pour nous. Et quand quelqu'un d'important dans votre vie meurt, nous devons lui rendre hommage. Les épreuves nous rappellent en permanence les objectifs qu'on s'est fixé. Et cela nous permet de ne pas oublier nos buts ou de changer fréquemment de cap. C'est un devoir pour tout homme voire une obligation de découvrir la priorité de cette vie sur terre. La priorité, à notre sens est d'élever cette vie vers une possibilité plus élevée. Alors, pour cela, nous devons être conscients en prêtant une attention particulière sur tous les aspects de la vie. Faisons de sorte qu'avant que nous mourons ; tous les aspects de la vie soient explorés. Ceci étant, nous pouvons affirmer que nous avons vécu une vie au complet.

Troisième partie : *CONVICTION ET OPINION*

-L'amitié, une réalité…

Les choses n'arrivent jamais sans cause. Difficile de tout cerné. Que de nouvelles choses chaque jour. La vie ne cesse, en effet, de nous réserver des surprises. Qui est ce qui nous aime d'un amour sincère ? Qui est ce qui est notre ami ? Notre véritable ami qui n'hésitera pas a donné sa vie pour sauver la nôtre.

Un ami, Djim en était un. Il a été toujours là. Loin d'être cachotier, mais, j'évitais même qu'il découvre mes besoins. Il n'aura la tête tranquille tant que tout ne reviendrait à l'ordre. Il brisait les barrières du possible pour trouver des solutions. Il faisait, en effet, tout son possible même au-delà pour trouver des solutions à mes problèmes. Un ami, avait l'habitude de me dire, est celui qui sait comprendre tes désirs, tes peines, tes souffrances, tes joies sans pour autant que tu le dises. Pragmatique il était. il m'a fait savoir que nous devons faire tout notre possible à travailler pour devenir maître de notre silence tout en évitant d'être des esclaves de nos paroles.

Djim et moi avons très tôt entretenu des relations basées sur la confiance réciproque. Chacun de nous avait la grandeur de se rétracter s'il pense se tromper sur un point. Et, cela ne nous dérangeait pas. Il n'y avait pas de langage de bois entre nous. Quand je le regardais, je voyais en lui, une autre version de moi plus fine et plus développée. Il était un miroir qui me permettait de grandir à chaque instant. Chacun de nous était, en fait, un reflet pour l'autre. Nous étions inséparables jusqu'à ce que la mort nous sépare. Beaucoup, sont ceux qui peuvent témoigner notre compagnonnage et de notre relation très humaine et très sincère.

J'aurai bien aimé cheminer encore et encore avec lui.

J'aurai bien aimé avoir la capacité et la possibilité de rallonger sa vie.

J'aurai bien aimé le voir grandir et devenir père de famille.

J'aurai bien aimé le voir réaliser tous ses projets.

Lors des derniers instants de sa vie, J'aurai bien aimé être auprès de lui.

J'aurai bien aimé être au moment de son agonie pour le serrer les bras une dernière fois.

J'aurai bien aimé assister son enterrement pour déverser à flot et en abondance de prières sur sa tombe.

Mais, Dieu l'a voulu ainsi, et l'a décidé autrement.

Je l'ai quitté en vie, espérant le retrouver en forme bientôt. Seulement la mort a brisé mes rêves. Je réalise que je suis obligé de le retrouver au cimetière. Ma véritable roue de secours est partie.

Je suis loin du Sénégal. Djim est parti. Je n'ai pas assisté à son enterrement. Pas d'Adieu. Laissez moi garder mes au-revoir. On se verra dans le monde des cieux. J'ose espérer.

Toutefois, malgré la douleur de sa disparition, je me sens heureux. Heureux de la vie. Heureux de l'avoir connu. Heureux de ce que la vie nous enseigne à travers son décès. Cette perte m'a permis, en effet, de découvrir tant de choses dans la vie. Son décès, marquant les moments les plus sombres de ma vie, j'ai pu découvrir qui suis-je. De quoi suis-je capable. Les limites et forces qui sont en moi. De quoi devrais-je me mêler et me préoccuper en tant que fragment de vie sur terre. J'ai véritablement réalisé à comprendre tout ceci suite à son rappel à Dieu. Comprendre l'essence de la vie, revient à vivre une vie remplie d'extase et de bonheur. Quoi qui puisse être, quoi qui puisse se passer, l'homme est capable de se sentir bien. Le bonheur est le carburant de la vie. L'homme doit l'avoir. Malgré les innombrables difficultés et épreuves qu'il peut connaître dans sa vie, c'est un bien commun, partageons le. C'est beau de voir ces hommes et femmes qui traversant des évènements malheureux, trainaient dans la boue, veillaient les plus sombres nuit sur terre continuent à sourire. Comme on peut tout perdre dans le bonheur. Chaque évènement de notre vie apparaît, en effet, généralement sous deux formes. Ça peut être un évènement sur lequel on a du contrôle. Là, nous avons la possibilité de réagir et de changer la situation si on le souhaite. Ceci, se fera par nos actions, nos valeurs, nos opinions ou notre mentalité. L'évènement, peut être en dehors de notre contrôle. Nous plaindre ou avoir peur ne changera strictement rien de la situation. Ici, la meilleure manière de se comporter est de ne se préoccuper même pas du problème.

Depuis le jour qu'il nous a quittés, je continue de grandir à travers les évènements de la vie. Ma maturité et ma conscience ne font qu'augmenter au jour le jour. J'ai compris la finitude de notre existence et nous tous, marchons chaque jour, de manière consciente ou inconsciente, vers la date d'expiration de notre vie. Plus on avance, plus on s'approche de cette date inéluctable. D'où l'intérêt, pour chacun de nous, enfant, jeune, adultes, vieux de prendre conscience de ceci et de le vivre au quotidien. Cela peut participer à diminuer les tensions et différends entre nous. Ignorant tout sur la mort, se comporter comme si cela pourrait se passer à n'importe quelle heure et à n'importe quel lieu demeure une bonne attitude à adopter.

Je sens sa présence à n'importe quel endroit et à n'importe quelle heure. Son image ne me quitte plus. Je le vois en tout et en toute circonstance m'obligeant ainsi de réagir toujours de la meilleure des façons. Le fait de penser à lui et à nos souvenirs renforcent mon mental et fortifient ma foi en Dieu. Que dois-je faire pour lui ? En vivant, il me rendait un très grand service. Service que je ne saurai compter. Aujourd'hui, il n'est plus parmi nous, et, il continue sa mission. Je garde son tout en moi et je le vis au quotidien. Cela me permet de voir plus clair et d'avoir plus de force pour progresser sur tous les plans essentiels de la vie. Cette présence suscite au fond de moi des énergies vitales qui me poussent toujours vers l'action, vers la productivité. Entre nous, la franchise et l'objectivité nous guidaient et gouvernaient nos rapports pour vivre et avancer. Jusqu'à présent, je continue de flairer sa présence et d'appliquer autant que possible les principes qui nous liaient.

Un grand merci Djim !

Merci pour tout ce qu'il a pu faire pour nous. Merci. Et, ça traduit notre gratitude et notre soulagement envers ta modeste personne. Soulagement, parce que nous avons la confiance et l'espoir qu'il a mené une vie réussie. Une vie qui mérite d'être vécue. Une vie rythmée de sens, d'expérience, d'exploration et d'adoration. Il nous a quittés certes très tôt selon notre manière de comprendre et de compter. Mais, nous avons la confiance en Dieu que ce qui est sensé être bon pour nous, arrivera au bon moment. Et, Dieu fait toute chose belle à son temps.

-Le temps, une force sans pitié….

Ce temps là, qu'il nous a laissés ; j'ai compris finalement qu'il est à la fois notre plus grand ennemie et allié. Il est précieux et complexe. Il est tellement mystérieux. Impossible pour nous de l'arrêter et il continue son cours quelque soit la situation que l'on puisse être. Au fil du temps, même ce qui paraissait irréalisable le devient. Avec son œuvre, tout devient possible. Le temps est une force sans pitié. Il faut donc apprendre à le connaître et à le maîtriser. Le temps alloué pour un être humain est tellement limité. En réalité, le temps ne manque pas mais nous le manquons fréquemment par ignorance.

Tout se passe avec le temps. Le temps qui n'attend personne et continue de faire son œuvre. Avec le temps, on prend de l'âge. On acquiert de l'expérience. On devient de plus en plus sage à force d'affronter les épreuves de la vie. Nous vivons et nous découvrons avec le temps les mystères de la vie. Ces mystères permettent de comprendre la limite et la capacité de l'homme face à certaines manifestations de la vie. Avec ses facultés physiques, mentales et supérieures, l'être humain, peut, véritablement, réaliser tous ses rêves. Néanmoins, force est de reconnaître que certains évènements sont en dehors de son domaine de compétence.

Le temps alors…

Le temps est une bénédiction de Dieu. Il est très précieux. En fait, c'est la somme des minutes gagnées ou perdues qui détermine le résultat de la vie de l'homme. C'est dire que la vie de l'homme résulte de la façon dont il gère ou utilise son temps.

Nombreux sont ceux qui ignorent ou ne prêtent pas attention à la notion du temps et de son importance. Le temps peut tout donner à l'homme mais il peut lui tout prendre. Tout dépend de qu'est-ce qu'il en fait. De toute façon, une chose est Claire, s'il n'apprécie pas ce temps si génial pour remplir sa vie, si courte, de grâces, de béatitudes et de gratitude, alors, il l'a raté et il a perdu son temps.

Plus le temps passe, plus on a l'impression qu'il passe vite. C'est pourquoi il est indispensable d'investir ce temps pour créer la vie qui nous inspire dès maintenant. Sinon, nous risquons de louper lamentablement notre mission sur terre. Nous sommes sur cette terre pour y apporter de la valeur ajoutée. Pour ce faire, une prise de conscience du sens de la vie est nécessaire d'ores et déjà. C'est-à-dire être en mesure de réaliser qu'on est tarissable et que rien est éternel. Ensuite, il est nécessaire de comprendre que les difficultés ne sont pas destinées à nous briser ou à nous faire souffrir mais plutôt pour nous rendre plus fort afin d'en voir des opportunités pour encore aller de l'avant. Les épreuves ne disent rien souvent mais c'est notre posture qui est importante. Ce qui est recherché ici, c'est notre capacité de fournir une attitude positive et adéquate à n'importe quelle situation embarrassante. De là, nous verrons que des opportunités à exploiter dans chaque situation pour forger notre personnalité et avancer dans la vie.

Djim, lui, faisait tout son possible pour résister aux aléas de la vie. Sachant déployer toute son énergie pour l'obtention d'une chose importante dans sa vie, il ne doutait rien. Il avait la ferme conviction d'atteindre ses objectifs malgré les éventuels obstacles sur le chemin. Conscient de l'importance du temps, il établissait un emploi du temps bien détaillé de ses journées. Chaque chose doit être réalisée à son heure prévue. Pas de procrastination. La vie est courte. Avait l'habitude de me rappeler. Gaspiller son temps ne faisait pas partie de ses affaires. Il se préoccupait toujours pour la réalisation des choses d'une importance capitale. Il croyait fermement que le temps est une richesse et que notre attention est chère. Impératif donc pour nous de l'accorder à des choses utiles dans notre vie.

Il est vrai qu'il est difficile d'adopter ce comportement de façon permanente surtout en période de difficulté. Période susceptible pour l'être humain de douter et de perdre son courage et son espoir. D'où l'intérêt, pour tout un chacun de faire l'effort pour connaître son être et le sens de son existence. C'est ce qui lui permettra d'avoir une solide maîtrise de soi pour surmonter les épreuves dans la dignité et avec sagesse.

Que c'est beau de voir tout en rose malgré les innombrables difficultés!

Que du travail à faire!

Que du chemin à parcourir!

Rien de si spécial dans la vie.

Rien n'est perdu d'avance.

Rien n'est acquis définitivement.

Rien n'est encore trop tard.

Rien n'est encore définitif.

Tout s'acquiert avec le temps.

La vie reste une étendue de possibilités.

A nous de vivre la vie comme elle se doit. A nous de jouer le jeu.

La vie alors................................

-La vie, un mystère à découvrir……………

La vie est naturellement bizarre et demeure un combat perpétuel. Le caractère du combat de la vie réside selon moi, sur le fait que l'homme est toujours animé par un désir, un manquement. Et ce manque lui pousse à lutter jusqu'à son dernier souffle. C'est ce qui amène pour certains, de prendre la vie comme un fardeau. Il est vrai que la vie revêt parfois d'énormes difficultés mais l'essentiel est de comprendre que ces dernières sont inhérentes au vécu de l'homme. C'est dire que de la naissance à la mort, l'homme est appelé à connaître des entraves, des obstacles dans sa vie. Et, ces difficultés ne doivent point l'empêcher de continuer son chemin et de vivre convenablement sa vie comme il se doit.

La vie est courte et ça passe vite. Elle est passagère et éphémère. Les secondes s'écroulent à grande vitesse. Ainsi, les évènements viennent et reviennent de jour en jour. Des évènements auxquels l'homme peut en tirer des leçons pour grandir.

Le malheur et le bonheur se permutent de temps en temps.

Tantôt, c'est la mort qui frappe.

Tantôt, c'est la naissance d'un bébé qui nous sourit.

Tantôt, tout est clair.

Tantôt, tout est confus.

Tantôt, tout marche bien.

Tantôt, tout est à l'arrêt.

Au fait, ces manifestations font le charme de la vie. Parce que si on ne connaissait pas ce que c'est la perte, la déception, on ne saurait jamais savourer la joie de la réussite. Cela revient à dire que, si l'échec n'existait pas, la réussite n'aurait pas de sens. Et, ce sont ces événements qui nous construisent et forgent notre personnalité. Ça nous permet de grandir en quelque sorte en sachant tirer les opportunités et les bonnes conclusions. Il est important de savoir que la vie de l'homme est composée de plusieurs étapes. Chaque étape a une importance capitale et constitue un tournoi décisif à saisir. Il est de notre droit de découvrir la responsabilité qui correspond à chaque moment de la vie. Il est de notre devoir de l'assumer entièrement. Sinon, nous risquons de vivre une vie confuse. C'est dire à ce niveau que Dieu a assigné à l'homme des missions à accomplir sur terre dans un délai bien déterminé. Et de là, il a la possibilité, du fait qu'il est doté de raison pouvant discerner le bien du mal ; de choisir le droit chemin tracé et ordonné par Dieu ou d'emprunter la voie opposée. Ici, s'il défie la volonté du maître de l'univers, il aura comme compagnon et guide le démon à la place du divin. Il l'encourage à semer le désordre dans le monde en oubliant la sacralité de la vie et l'impérieuse nécessité de sauvegarder l'univers et de toujours veiller à son évolution. Il devient un être égoïste et inconscient.

Généralement, l'homme est un être rebelle et ignorant. La plupart du temps, il ne suit que ses compulsions. C'est ainsi qu'il continue malgré tout, de produire la pagaille dans le monde et de détruire son environnement. Au lieu d'être protecteur, l'être humain est devenu très agressif envers pratiquement tout. Il urge vraiment à l'homme de revoir la conséquence de ses actes pour qu'il puisse prendre du recule en changeant d'attitude et espérer atteindre une certaine altitude dans la vie grâce à ses aptitudes d'adaptation.

A force de vivre, j'ai compris que le silence demeure une solution et option à explorer pour vivre tranquille dans ce bas-monde. Tout semble bouleversé mais le silence reste une vertu. Peu de gens sont ceux qui parlent que lorsqu'il est nécessaire. Beaucoup sont dans le dilatoire. Leurs paroles sont dépourvues de sens. Des discours sans contenu.

Comment peut-on rester des heures à raconter des histoires qui ne tiennent pas la route ? Pourquoi la sincérité se raréfie ? Pourquoi mentir est si facile ? Sommes-nous égarés ou malades à ce point ?

Des dires, c'est facile. Des actes, c'est le vrai chantier à abattre. La parole a perdu sa valeur maintenant. C'est à travers les actes et les caractères, qu'on peut reconnaître la noblesse d'une personne. Et ces derniers, communiquent mieux pour déterminer la personnalité d'un être. Agis seulement et tu dévoiles qui tu es. Mais, l'homme, généralement, opte plutôt pour le paraître.

Djim, mon frère, s'activait plus en acte qu'en parole.

Je me rappelle, nous étions des centaines à l'école coranique. Lui seul a eu l'idée de concrétiser ce rêve : offrir un téléphone de haute gamme à notre maître coranique. Je me souviens. Le bénéficiaire, très content montra au grand public son nouveau portable.

- c'est Djim qui me l'a offert.

Soudain, je me suis mis à réfléchir sur le message que Djim venait de nous transmettre, nous autres disciples, à travers son acte. Du bien, faire du bien sans attendre rien en retour. Voilà ce que j'ai retenu de ta vie à travers tes actes frère.

Toutefois, force est de reconnaître qu'il ne sera pas facile de rester éternellement sur le droit chemin. Parfois, il est inévitable de tomber sur un péché ou une erreur. Petit ou grand, l'essentiel c'est de se repentir vite en ayant l'intention de ne plus le refaire. C'est dire par là, que les tentations qui pourront nous détourner sur le droit chemin sont à suffisance. Il est impératif de les découvrir. De lutter incessamment. Et ceci, peut se passer par l'éducation. Une éducation basée sur des valeurs qui assurent l'épanouissement, l'équilibre et le bonheur de l'homme.

Alors à l'éducation....

-L'éducation, un processus de vie qui n'a pas de limite....

Comme ses pairs, Djim, mon ami, a eu la chance d'être éduqué, formé, et orienté.

Il est indispensable à l'homme d'avoir une bonne éducation et une formation de base pour prétendre être quelqu'un de bien dans la société. D'autant plus que l'homme, à sa naissance, n'est qu'une étendue de potentialités. Il peut devenir tout. Il peut avoir et découvrir beaucoup de choses pendant son séjour sur terre. De par sa nature, l'homme est en mesure de développer beaucoup de compétences dans la vie. Même s'il faut rappeler que beaucoup ne relèvent pas de son champ d'expérimentation. Ici, quand il s'agit des événements d'ordre divin et naturel. L'homme se trouve ainsi faible et limité dans de pareilles situations. D'où la nécessité d'avoir un mentor dans la vie. Il sera comme tableau de bord qui peut permettre d'avoir une lecture claire des évènements quotidiens. Naturellement, étant un être social, l'homme a besoin d'être cultivé et assisté. C'est par l'éducation qu'il pourra échapper à l'égarement et à la méconnaissance du sens de la vie sur terre. C'est pour ainsi dire à ce niveau, l'importance d'assister l'homme depuis sa naissance pour qu'il puisse découvrir la notion de cette vie.

Djim s'était inscrit dans cette logique. D'être quelqu'un de bien de par son éducation. Il ne pouvait pas passer autrement. Dès sa naissance, il a eu la chance d'être accueilli dans de très bonnes mains dignes et pieuses. Éduqué et formé dans un environnement familial et communautaire qui favorisait une évolution de son humanisme. Il était un sage au vrai sens du mot jusqu'au bout des ongles. Ne jamais le voir négocier ou empiéter la dignité, l'honorabilité, la morale d'autrui. Il vouait un respect considérable aux êtres humains. Même les autres créatures sont servies. Tout ceci a lieu en raison de son parcours personnel en tant qu'être humain et de sa formation dans divers domaines de la vie. Investissons nous donc, à éduquer, à instruire et à former nos enfants. Nous n'avons que cette issue pour leur garantir un heureux aboutissement dans la vie.

Djim, mon frère, éduqué, cultivé et civilisé il l'était. Grâce à son héritage génétique, à son histoire personnelle et à son l'influence.

Malgré tout ceci et ses efforts, une sorte de lumière lui venait me semble t-il en assistance pour éclairer son chemin. Je témoigne que cette lumière était une bénédiction de Dieu. Ce dernier guide et oriente ses fidèles serviteurs. J'ose espérer que Djim en faisait partie. Il a eu l'aide de Dieu pour l'accomplissement de son éducation. La clé de réussite d'ici-bas c'est l'éducation. Elle est aussi la solution qui peut sauver l'humanité contre les défis et les menaces. Cela, est mon opinion et ma conviction.

Pour la mémoire de DJIM FATOU THIAM.

Toi, qui savais m'écouter malgré mes sottises.

Toi, qui savais faire beaucoup avec si peu.

Toi, qui es parti bien trop tôt, bien trop vite...

Tu nous as laissés dans la solitude et dans la nostalgie.

Repose en Paix cher frère !

Que la terre te soit légère !

Que le Paradis soit ta demeure éternelle !

Adieu !

Fin......................

Printed by Books on Demand GmbH, Norderstedt / Germany